불교는 신라 사람들 가까이에 있었습니다.
열심히 믿으면 누구나 부처님이 될 수 있다고
생각했습니다.

신라 백월산에 살던 노힐부득과 달달박박은
이 믿음처럼 부처님을 지극히 섬겨
마침내 미륵 부처님과 아미타 부처님이 되었습니다.

글 | 이미애

대구에서 태어나 중앙대 문예창작학과를 졸업했습니다. 눈높이문학상, 새벗문학상, 삼성문학상을 수상했고, 그림책 《반쪽이》《가을을 만났어요》《에헤야데야 떡타령》 등과 동화책 《행복해져라 너구리》 등을 펴냈습니다. 풀과 나무가 바라보이는 집필실에서 아이들의 마음을 파고드는 글을 쓰려고 애쓰고 있습니다.
이 글을 쓰면서 《삼국유사》 속에 숨어 있는 귀한 이야기와 그 속에 담긴 뜻을 찬찬히 되짚어 볼 수 있어서 참 뿌듯했답니다.

그림 | 이샛별

서울산업대학교와 같은 학교 대학원을 졸업하였습니다.
그린 책으로는 《과학의 배》《어린이 박물관 고려》《한 치 앞을 못 본 철학자 천 리 밖을 보다》《할머니의 노래》 등이 있습니다.

감수 | 김영심

서울대학교 국사학과를 졸업하고, 같은 학교 대학원에서 한국 고대사를 전공하여 박사 학위를 받았습니다. 한국학중앙연구원, 서울대 규장각을 거쳐 지금은 가톨릭대학교 교양교육원 교수로 있습니다. 지은 책으로는 《한강에서 일어난 백제》《백제의 지방통치》(공저) 《고대 동아세아와 백제》(공저) 등이 있습니다.

탄탄 샘솟는 삼국유사 노힐부득과 달달박박

펴낸이 김동휘 | **펴낸곳** 여원미디어(주) | **주소** 경기도 파주시 회동길 130(문발동) 탄탄스토리하우스
출판등록 제406-2009-0000032호 | **고객상담실** 080-523-4077 | **홈페이지** www.tantani.com
글 이미애 | **그림** 이샛별 | **감수** 김영심 | **기획** 아우라, 이상임 | **총괄책임** 김수현 | **편집장** 이정희 | **기획 편집** 최순영, 김희선
디자인기획 여는 | **아트디렉터** 김혜경, 이경수 | **디자인** 이희숙, 정혜란, 김윤신 | **사진진행** 시몽 포토에이전시
제작책임 정원성

판매처 한국가드너(주) | **마케팅** 김미영, 오영남, 전은정, 김명희, 이정희

ⓒ여원미디어 2008 ISBN 978-89-6168-162-9 ISBN 978-89-6168-209-1(세트)

※이 책은 저작권법에 따라 보호받는 저작물이므로, 무단으로 이 책 내용의 전부 또는 일부를 복사, 복제, 배포하거나 전산장치에 저장할 수 없습니다.
⚠ 주의 1. 책 모서리가 날카로워 다칠 수 있으니 사람을 향해 던지거나 떨어뜨리지 마십시오. 2. 보관 시 직사광선이나 습기 찬 곳은 피해 주십시오.

노힐부득과 달달박박

원작 일연 | 글 이미애 | 그림 이샛별

여원◆이디어

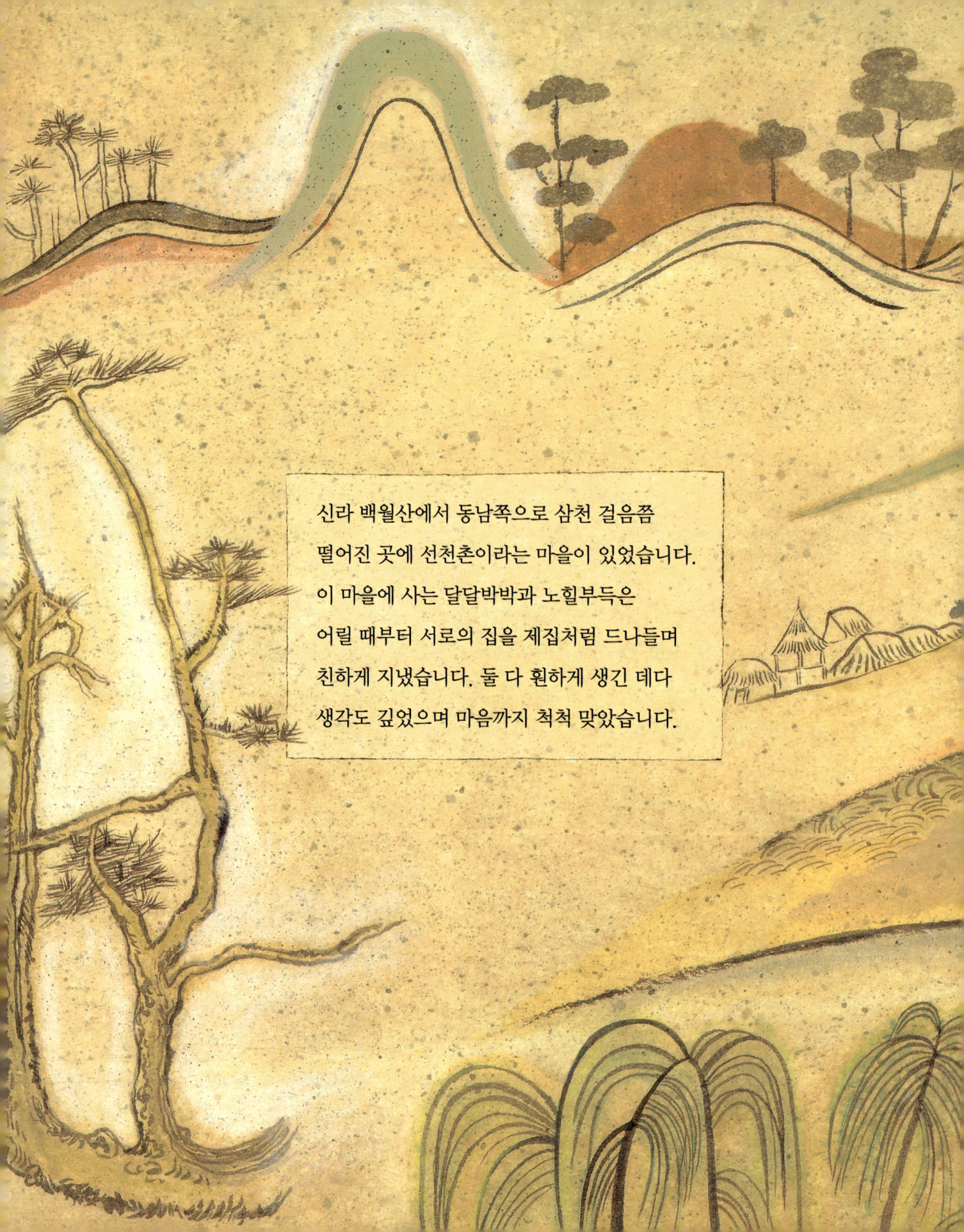

신라 백월산에서 동남쪽으로 삼천 걸음쯤
떨어진 곳에 선천촌이라는 마을이 있었습니다.
이 마을에 사는 달달박박과 노힐부득은
어릴 때부터 서로의 집을 제집처럼 드나들며
친하게 지냈습니다. 둘 다 훤하게 생긴 데다
생각도 깊었으며 마음까지 척척 맞았습니다.

박박과 부득은 스무 살이 되자 머리를 깎고 스님이 되었습니다. 박박은 소불전 마을 유리광사에 머물렀고, 부득은 대불전 마을 양사에 머물렀습니다. 두 사람은 낮에는 논밭을 갈아 처자식을 먹여 살렸고*, 밤이면 가물가물 흔들리는 등잔불 아래에서 열심히 불교 공부를 했습니다.

*불교의 여러 종파 가운데는 스님도 결혼할 수 있도록 허락하는 종파가 있다.

어느 날, 박박은 오랫동안 생각한 속마음을
부득에게 털어놓았습니다.
"이봐, 부득! 기름진 땅에 먹을 게 많아도 저절로
따뜻하고 배부른 것만 못하지 않은가. 아내와
자식이 있어 좋기는 해도 부처님 계신 데서
앵무새, 공작새와 노니는 것만 못하단 말이야."
부득은 고개를 끄덕거리며 대답했습니다.
"맞아, 깨달음을 얻으면 누구나 부처님이 될 수
있다고 했어. 우리도 하루빨리 인간 세상에서
벗어나 진리를 깨우치는 게 어떨까?"
둘은 머지않아 깊은 산속으로 들어가
불교 공부에만 매달리자고 약속했습니다.

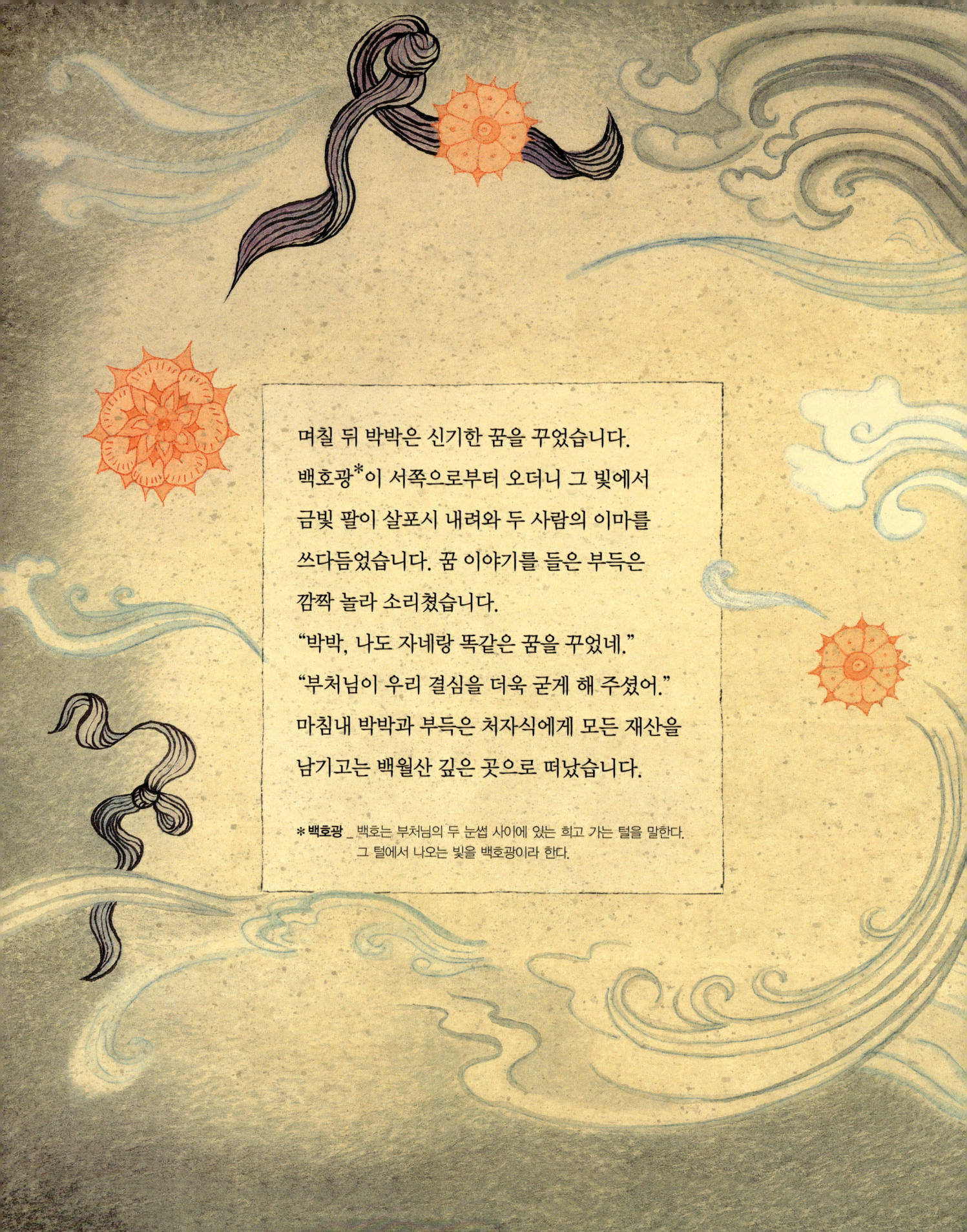

며칠 뒤 박박은 신기한 꿈을 꾸었습니다.
백호광*이 서쪽으로부터 오더니 그 빛에서
금빛 팔이 살포시 내려와 두 사람의 이마를
쓰다듬었습니다. 꿈 이야기를 들은 부득은
깜짝 놀라 소리쳤습니다.
"박박, 나도 자네랑 똑같은 꿈을 꾸었네."
"부처님이 우리 결심을 더욱 굳게 해 주셨어."
마침내 박박과 부득은 처자식에게 모든 재산을
남기고는 백월산 깊은 곳으로 떠났습니다.

***백호광** _ 백호는 부처님의 두 눈썹 사이에 있는 희고 가는 털을 말한다.
그 털에서 나오는 빛을 백호광이라 한다.

박박은 백월산 북쪽 고개에 있는 바위에 자리 잡고 널빤지를 얼기설기 덧대어 집을 지었습니다. 그리고 널빤지로 만든 집이라서 판방이라 불렀습니다.

부득은 백월산 동쪽 고개에 있는 물가에 자리 잡고
돌을 척척 쌓아 올려 집을 지었습니다.
그리고 돌무더기로 만든 집이라서 뇌방이라 불렀습니다.

박박은 햇볕이 내리쬐거나 거센 바람이 불어도
딴생각을 하지 않았습니다. 오로지 염주를 굴리고
불경을 외며 모든 사람을 극락세계로 이끌어
준다는 아미타 부처님을 섬겼습니다.

부득은 눈이 오거나 찬비가 들이쳐도 딴생각을 하지 않았습니다. 오로지 염주를 굴리고 불경을 외며 미래에 세상 사람들을 구하러 온다는 미륵 부처님을 섬겼습니다.

그렇게 삼 년이 훌쩍 지난 석가 탄신일이었습니다.
해 질 무렵 스무 살쯤 된 아리따운 여인이
박박의 판방에 찾아왔습니다. 여인은 시를 읊으며
하룻밤 자고 가기를 청했습니다.

**해 저물어 산은 어둑어둑한데
길은 멀고 마을은 아득합니다.
오늘 이 암자에서 하룻밤 자고 가려 하오니
자비로운 스님일랑 노여워 마소서.**

"절은 여인이 머물 곳이 아니오. 다른 곳으로 가시오."
박박은 문을 쾅 닫아걸고는 혼자 중얼거렸습니다.
"흥, 젊은 여인을 방으로 들여? 안 될 말이야, 암."

여인은 부득의 뇌방을 찾아왔습니다.
부득은 늦은 시간에 온 여인을 보고 깜짝 놀랐습니다.
"아니, 젊은 여인이 이 밤에 어디서 오셨습니까?"
"우주와 내가 한 몸인데 어디서 온들 어떻습니까?"
여인은 뜻 모를 대답을 하더니 시 한 수를 읊었습니다.

해 저문 산길, 가도 가도 사람 사는 집이 없네.
자고 가려는 건 길을 잃어서가 아니라
스님을 돕고자 하는 것이니
부디 내가 누군지 묻지 마오.

"여기는 여인이 있을 곳이 못 되지만 중생을 돕는 것
또한 부처님의 뜻이겠지요. 더구나 깊은 밤에……."
부득은 문을 열어 여인을 맞아들였습니다.

부득은 여인을 안으로 들게 하고는 희미한 불빛 아래
벽을 바라보고 앉아 가만가만 염불했습니다.
밤이 이슥해졌을 무렵, 여인이 다급하게 불렀습니다.
"곧 아기를 낳을 것 같아요."
부득은 여인을 가엾게 여겨 깨끗한 짚자리를
깔아 주었습니다.

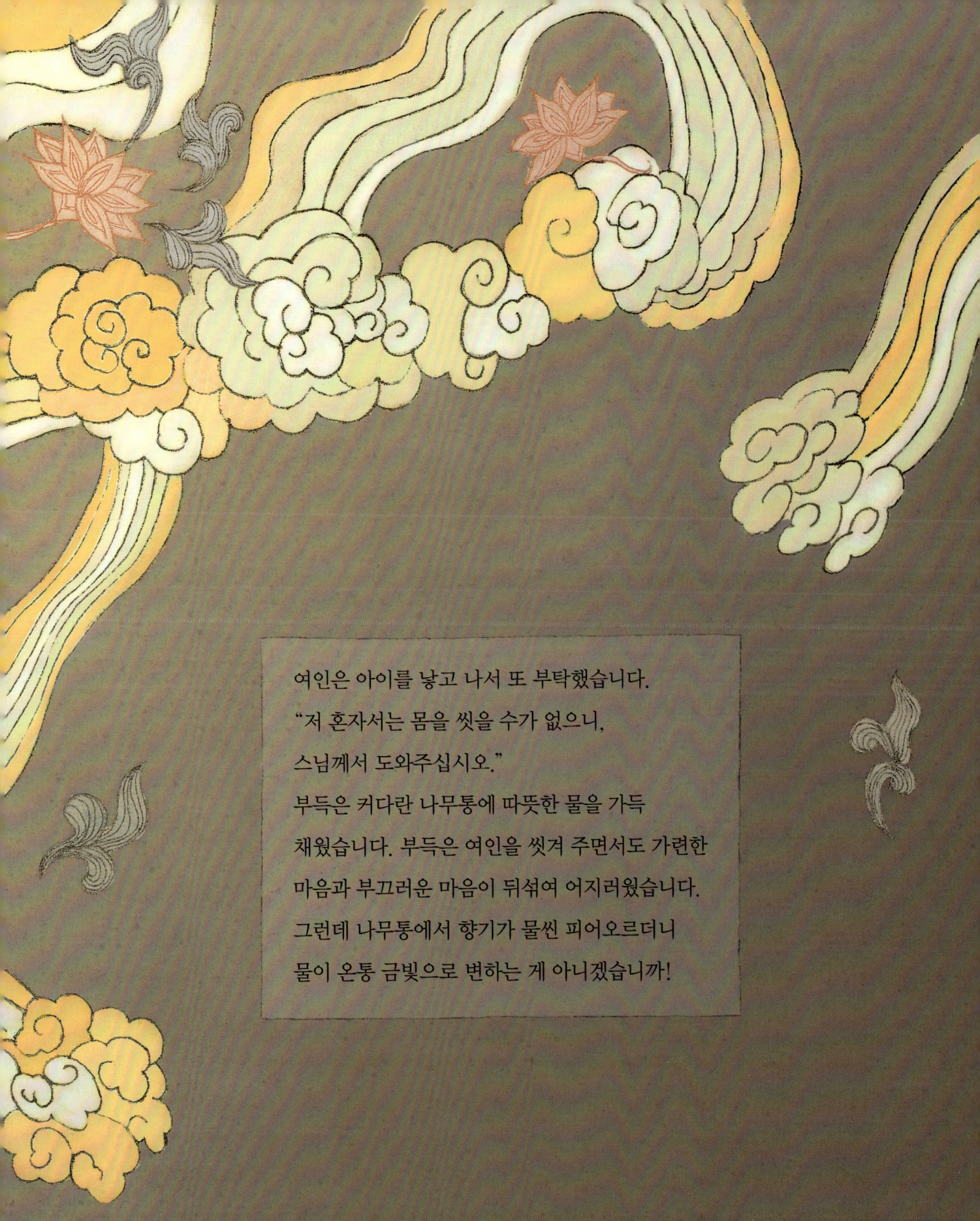

여인은 아이를 낳고 나서 또 부탁했습니다.
"저 혼자서는 몸을 씻을 수가 없으니,
스님께서 도와주십시오."
부득은 커다란 나무통에 따뜻한 물을 가득
채웠습니다. 부득은 여인을 씻겨 주면서도 가련한
마음과 부끄러운 마음이 뒤섞여 어지러웠습니다.
그런데 나무통에서 향기가 물씬 피어오르더니
물이 온통 금빛으로 변하는 게 아니겠습니까!

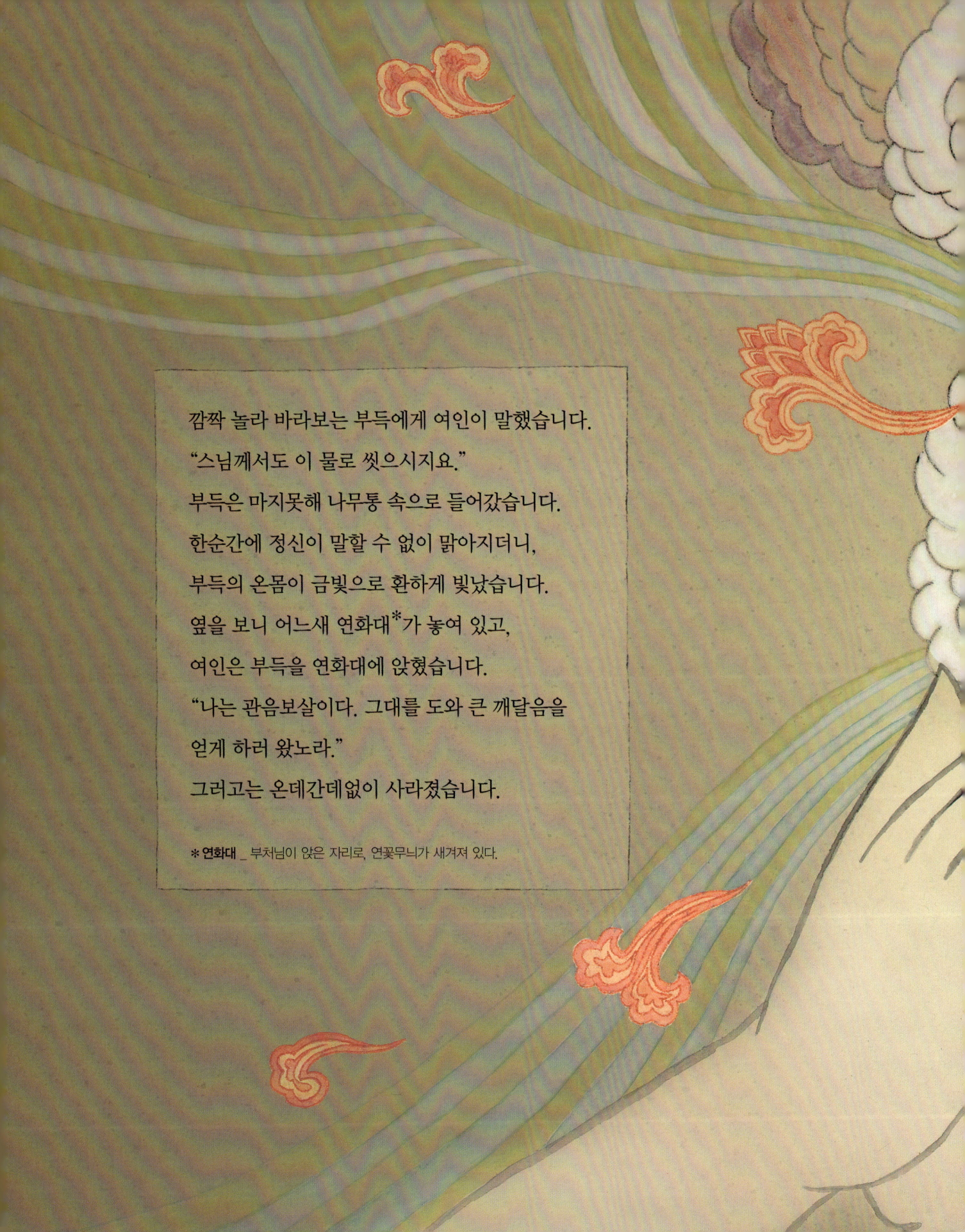

깜짝 놀라 바라보는 부득에게 여인이 말했습니다.
"스님께서도 이 물로 씻으시지요."
부득은 마지못해 나무통 속으로 들어갔습니다.
한순간에 정신이 말할 수 없이 맑아지더니,
부득의 온몸이 금빛으로 환하게 빛났습니다.
옆을 보니 어느새 연화대*가 놓여 있고,
여인은 부득을 연화대에 앉혔습니다.
"나는 관음보살이다. 그대를 도와 큰 깨달음을
얻게 하러 왔노라."
그러고는 온데간데없이 사라졌습니다.

***연화대** _ 부처님이 앉은 자리로, 연꽃무늬가 새겨져 있다.

한편 박박은 중얼거리며 부득에게로 오고 있었습니다.
"부득은 틀림없이 여인을 방으로 들였겠지?
늦은 밤에 젊고 아리따운 여인을 방에 들였다면
맘껏 골려 주고 와야겠다."
박박은 부득의 방문을 와락 열어젖혔습니다.

놀랍게도 부득은 미륵 부처님이 되어 환한 빛을
내뿜으면서 연화대에 앉아 있는 것이 아닙니까!
박박은 털썩 엎드리며 간절히 말했습니다.
"아뿔싸, 내 불심이 부족했네. 덕이 있고 어진 자네가
먼저 뜻을 이루었으니 함께 공부한 나를 잊지 말고
앞으로도 함께하기를 바라네."
미륵 부처님이 된 부득은 선선히 말했습니다.
"물이 아직 남았으니 자네도 들어가게."
부득의 말에 박박도 나무통에 들어가 몸을 씻었습니다.
그러자 박박도 금빛 나는 아미타 부처님이 되었습니다.

산 아랫마을까지 소문이 퍼졌습니다.
사람들이 우르르 몰려와 두 부처님을 보고는
두 손 모아 고개를 숙였습니다.
미륵 부처님과 아미타 부처님은 백성들에게
부처님 말씀을 쉽게 알려 주더니 온몸이 구름에
휩싸인 채 하늘로 훨훨 올라갔습니다.

계율과 자비, 어느 것을 따라야 할까?

계율과 자비, 이 두 가지는 불교에서 중요하게 생각하는 것이란다. '계율'이란 부처님의 가르침을 공부하고 수행하는 스님이라면 평생 동안 잘 지켜야 하는 가장 기본적이면서도 중요한 규범이야. 또 스님으로서의 자격을 유지할 수 있는 최소한의 약속이라고 할 수 있어.

계율은 스님으로서 꼭 지켜야 하지만 참으로 까다롭고 종류도 많아 계율을 잘 지키는 스님들은 언제나 세상 사람들로부터 칭송을 받는단다. '자비'란 어려운 처지에 놓인 사람을 불쌍히 여겨 도와주는 착한 마음이야. 그래서 깨달음을 얻기 위해 닦아야 하는 불교의 여러 수행 중에는 자비를 실천하는 것도 포함되어 있어. 자비는 부처님이나 스님뿐만 아니라, 불교를 믿는 사람이면 누구나 가져야 하는 마음씨이기에 중요하게 여긴단다. 한마디로 자비는 우리 모두가 가져야 하는 아름다운 마음씨인 거지.

어려운 상황에 놓인 사람을 도와야지. 자비를 선택해~

이 이야기에서 두 스님은 아름다운 여인의 등장으로 계율과 자비 가운데 하나를 선택해야 하는 곤란한 상황에 빠졌어.

이때 박박은 주저 없이 계율을 골랐단다. 스님들이 지켜야 하는 계율 중에는 술이나 고기뿐만 아니라 여인도 가까이해서는 안 된다는 내용이 있어.

하지만 부득은 계율과 자비 사이에서 고민을 하다가 자비를 골랐지. 깜깜한 한밤중, 깊은 산속에 젊은 여인을 내버려 두면 어떻게 되겠니? 그래서 계율과 자비 사이에서 갈등하던 부득은 어려움에 처한 사람을 돕는 것도 부처님의 가르침을 따르는 일이라 생각하고 여인을 도와주었어.

그런데 이 여인이 실제로는 관음보살이었지. 자비를 베푼 부득이 먼저 미륵 부처님이 된 것은 계율을 지키는 것도 중요하지만, 자비를 베풀 줄 아는 마음가짐을 갖는 것이 더 중요하기 때문이란다. 하지만 계율을 지키는 것 역시 자비만큼이나 중요하기 때문에 박박은 아미타 부처님이 될 수 있었던 거야.

계율은 스님이라면 꼭 지켜야 하는 거라고. 계율을 따라야지~

여자로 변신한 관음보살

부득과 박박에게 나타난 아리따운 여인은 평범한 사람이 아니라 관음보살이었어. 옛이야기에 보면 관음보살이 사람들에게 나타날 때 어린아이나 할아버지의 모습으로 나타날 때도 있긴 하지만, 여자의 모습으로 변신하는 경우가 훨씬 많아.

왜 여자의 모습으로 나타나는 걸까? 그러고 보면 절이나 박물관에 있는 관음보살도 여자 모습이지? 관음보살상이나 관음보살을 그린 그림을 자세히 살펴보면 손에는 연꽃이나 병을 들고, 하늘하늘한 옷을 입고, 주렁주렁 아름다운 장식을 단 여자의 모습을 하고 있어.

불교에는 많은 부처와 보살이 있는데, 관음보살은 소원을 들어주는 힘이 있다고 해서 많은 사람들이 믿는 보살이란다. 할머니들이 놀라거나 답답할 때 한숨을 쉬면서 "나무관세음보살!"이라고 혼잣말을 하는 걸 들어 본 적이 있을 거야.

보살은 원래 남자이기 때문에 보살상을 자세히 관찰하면 수염을 그려 놓은 걸 볼 수 있을 거야.

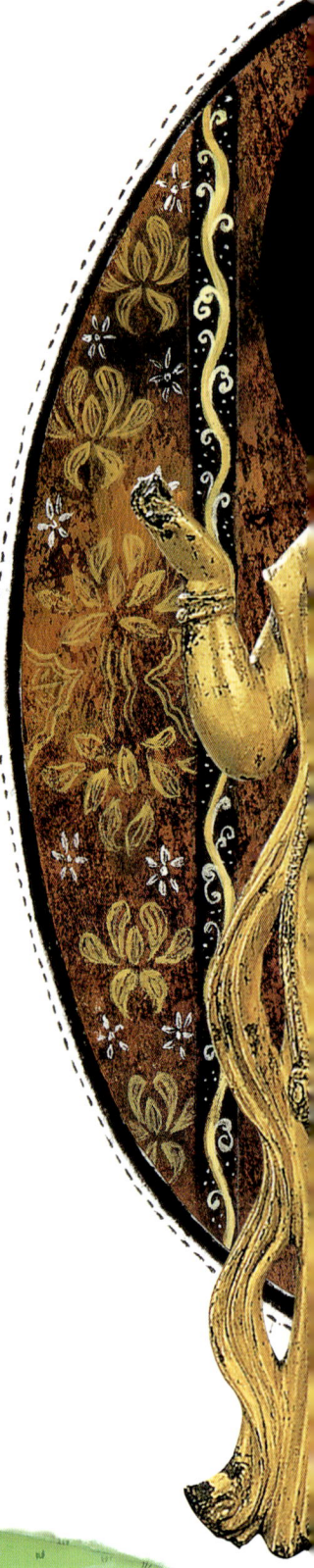

보살은 석가모니가 출가하기 전인 인도의 왕자였던 시절의 모습을 그려 놓은 거야. 당시 인도의 왕자들은 목걸이나 귀걸이 같은 화려한 장신구들로 몸을 치장했단다. 시대가 흐르면서 화려한 모습 때문에 여자로 생각되기도 했어. 게다가 보살은 불교에서 중요하게 생각하는 자비의 상징이라서 여자 모습으로 표현되었단다. 언제나 자애로운 엄마나 할머니처럼 말이야.

관음보살은 '관세음보살' 또는 '관자재보살'이라는 이름으로 불리기도 하는데, 관세음은 세상의 모든 소리를 살펴본다는 뜻이고, 관자재는 세상의 모든 것을 보살핀다는 뜻이야. 《법화경》이라는 불경에는 관음보살에 의지하면 배고픔과 병 따위의 어떠한 고난에서도 벗어날 수 있고, 마음을 괴롭히는 것으로부터 벗어날 수 있으며, 원하는 대로 자식을 얻을 수 있다고 했어.

이렇게 다양한 사람들의 요청에 응답해야 하니까 관음보살은 서른세 가지의 모습으로 변신해서 사람들을 도와주게 되었어. 물론 어려움에서 벗어나게 하거나 소원을 들어주는 것만이 관음보살이 하는 일은 아니야. 부득과 박박의 이야기처럼 수행하는 사람에게 깨달음을 주는 것도 관음보살의 중요한 일이란다.

> **관음보살은 자비의 상징이야.
> 그래서 엄마나 할머니처럼 자애로운
> 여자의 모습으로 표현했단다**

금동관음보살입상
관음보살은 하늘하늘한 천의를 입고 장신구를 걸친 모습으로 표현된다. 머리에는 아미타불이 새겨진 보관을 쓰고, 손에는 단물이 담긴 병을 들고 있다.

부득이 박박보다 먼저 부처님이 된 까닭은?

자비를 행한 부득은 관음보살의 도움으로 박박보다 먼저 부처님이 되었어. 그런데 둘이 같은 부처님이 된 것이 아니라 부득은 미륵 부처님이 되었고 박박은 아미타 부처님이 되었단다. 각자 수행을 할 때도 부득은 미륵 부처님을 믿었고, 박박은 아미타 부처님을 섬겼지. 그럼, 미륵 부처님과 아미타 부처님은 어떻게 다를까?

불교에서는 부처님이 동시에 여러 곳에 있을 수 있다고 믿는단다. 과거, 현재, 미래에 모두 부처님이 있고, 동서남북에도 부처님이 있다고 믿어. 그리고 각각의 부처님은 다 다른 이름을 가지고 있고, 다른 역할을 맡고 있지. 또 그 모습도 서로 다르단다.

여러 부처님 가운데 신라 사람들은 특히 미륵 부처님과 아미타 부처님을 열심히 믿었어. 미륵 부처님은 도솔천에서 보살의 모습으로 수행을 하고 있다가 미래에 이 땅에 내려와 사람들을 구해 주는 부처님이야. 그래서 도솔천에서 수행할 때는 미륵보살이라 부르고, 미래에 내려올 부처님으로 이야기할 때는 미륵 부처님이라고 한단다.

미륵 부처님은 미래의 부처님!

감산사 석조 미륵보살입상
신라 성덕왕 때 만들어 감산사라는 절에 모셔졌다. 국보 제81호로 지정되어 지금은 국립중앙박물관에 있다. 미륵보살이 머리와 목에 화려한 장신구를 걸치고 정교하게 조각되어 있다.

아미타 부처님은 서쪽 극락세계에 있는 부처님이지. 살아 있을 때 아미타 부처님을 열심히 믿고 착한 일을 많이 한 사람들은 죽어 아미타 부처님이 계신 서쪽 극락세계에 태어난다고 해. 옛날 사람들은 이 극락세계가 온갖 보석으로 꾸며져 있고, 아름다운 음악이 흐르는 곳으로, 고통도 없고 배고픔도 없는 곳이라고 생각했단다.

아미타 부처님을 믿은 박박보다 미륵 부처님을 믿은 부득이 먼저 부처님이 된 것은 당시 신라 사람들은 자신들이 살고 있는 신라 땅이 부처님의 세계인 불국토라고 생각했고, 아미타 부처님보다는 미륵 부처님을 더 열심히 믿었기 때문이야. 굳이 죽어서 가게 될 멀리 있는 서쪽 극락세계에서 부처님의 나라를 찾기보다는, 현실의 신라를 미륵 부처님이 내려온 부처님의 땅이라고 생각했던 것이지. 그래서 부득이 먼저 미륵 부처님이 되었고, 미륵 부처님이 된 부득의 도움으로 박박은 아미타 부처님이 될 수 있었어. 또한 신라 땅은 부처님의 세계인 불국토이기 때문에 평범한 신라 사람인 부득과 박박도 열심히 수행을 하고 자비를 베풀어 신라 땅에서 부처님이 될 수 있었던 거란다.

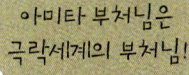

아미타 부처님은 극락세계의 부처님!

감산사 석조 아미타불입상
감산사 석조 미륵보살입상과 함께 만들어진 것으로, 국보 제82호로 지정되어 국립중앙박물관에 있다. 당당하고 위엄이 넘치는 아미타 부처님의 모습이다.

삼국 시대의 부처님을 찾아라!

불교는 고대 인도에서 생겨난 종교인데, 세계 여러 나라로 퍼져 나갔지. 우리나라에는 삼국 시대에 전해졌어. 그런데 나라에 따라 부처님의 모습이 많이 달라. 여러 부처님 가운데 삼국 시대의 부처님을 모두 골라 보렴.

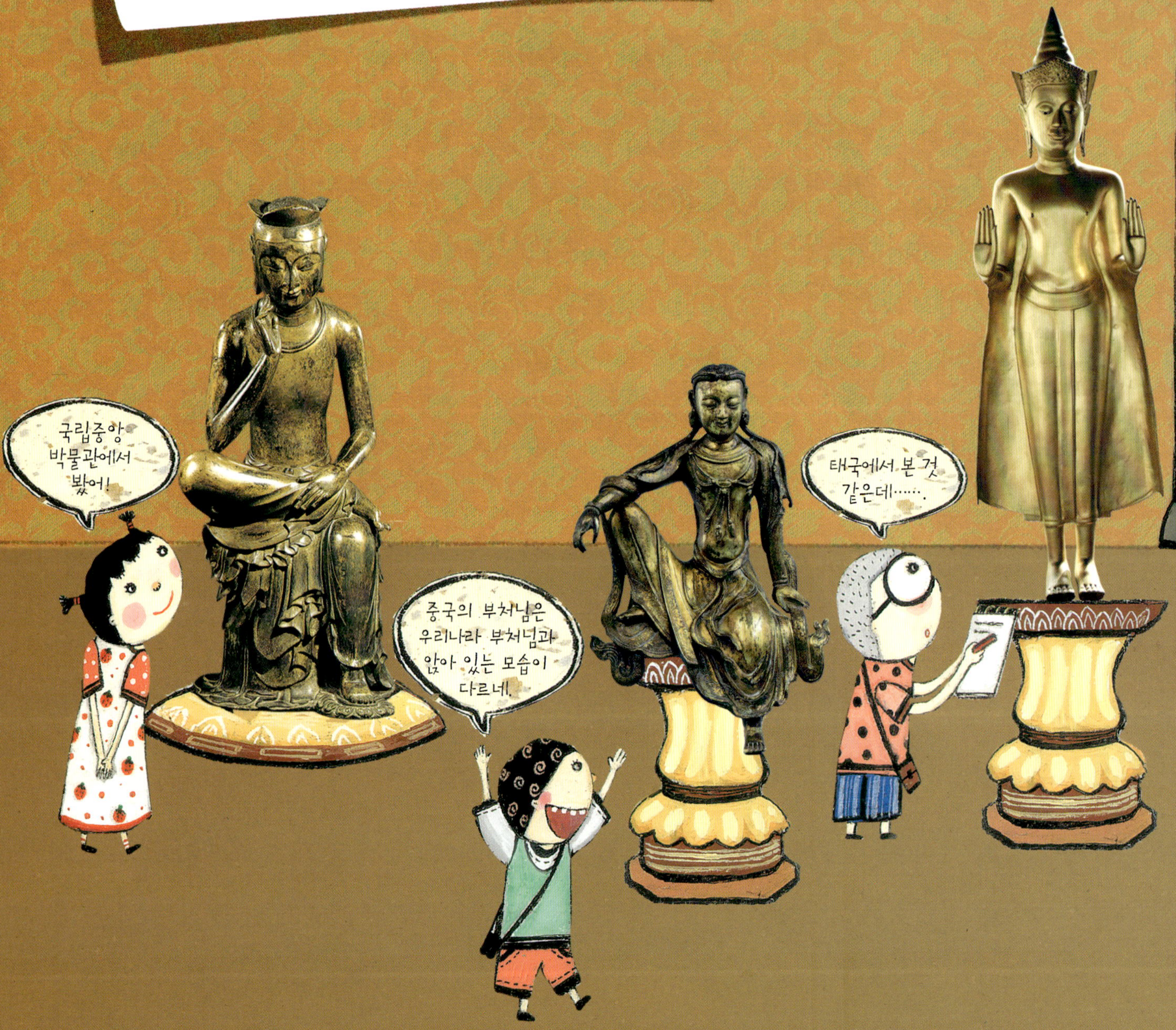

국립중앙 박물관에서 봤어!

중국의 부처님은 우리나라 부처님과 앉아 있는 모습이 다르네.

태국에서 본 것 같은데······

■■ 부록

역사의 열쇠 1, 2, 3 글 강호선 | 그림 양은정
역사 놀이터   글 최순영 | 그림 양은정

■■ 사진 출처 및 제공처

역사의 열쇠 2 금동관음보살입상_삼성미술관
역사의 열쇠 3 감산사 석조 미륵보살입상, 감산사 석조 아미타불입상_국립중앙박물관
역사 놀이터   금동반가사유상 국보 83호_국립중앙박물관(중박 200710-465) | 태국 불상_굿이미지 |
                중국 불상, 티베트 불상, 인도 불상_타임스페이스 | 석굴암 본존불_시몽포토 |
                금동판삼존불좌상_국립경주박물관(경박 200711-168) ·《통일 신라》, 국립중앙박물관, 2003

※ 이 책에 사용한 모든 자료의 출처를 밝히기 위해 최선을 다했습니다. 빠지거나 잘못된 점을 알려 주시면 바로잡겠습니다.

■■ 일러두기

· 맞춤법, 띄어쓰기는 국립국어연구원에서 펴낸〈표준국어대사전〉을 기준으로 삼았습니다.
· 외국 인명, 지명은 국립국어연구원에서 펴낸〈외래어 표기 용례집〉을 따랐습니다. 단, 중국 지명은 현지음에 따랐습니다.
· 역사 용어는 교육인적자원부에서 펴낸〈교과서 편수자료〉에 따르되, 어려운 용어는 쉽게 풀어 썼습니다.
· 옛 지명은 ( ) 안에 현재 지명을 함께 적었습니다.
· 연도나 월은 1895년 태양력 사용을 기점으로 이전은 음력으로, 이후는 양력으로 표기했습니다.

▶▶ 역사 놀이터 정답

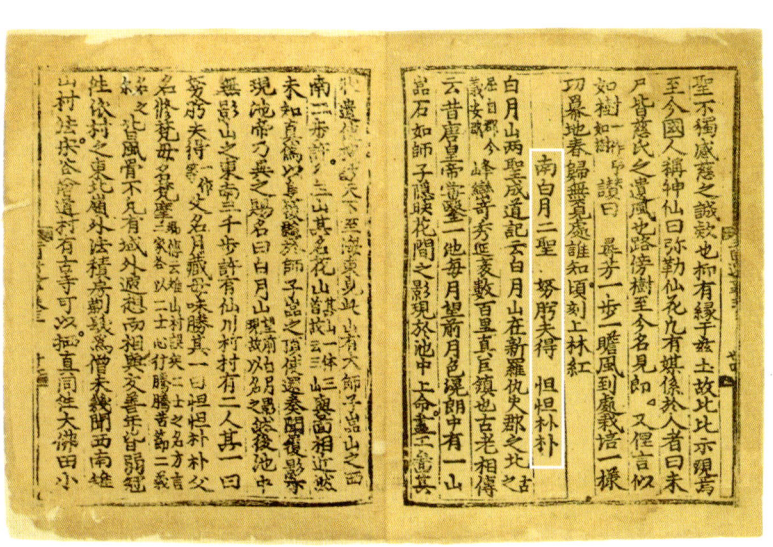

《노힐부득과 달달박박》은 《삼국유사》 탑상 편 〈남백월이성 노힐부득 달달박박〉에 실린 이야기입니다. '탑상'은 탑과 불상이라는 뜻으로, 탑상 편에는 탑과 절에 관련된 이야기가 실려 있으며 토속 신앙이 불교에 흡수되는 과정을 엿볼 수 있습니다.